MARCO BAUDONE – TOMAS TENGBY – STEFAN ANDERSSON

ITALIENISCHE KÖSTLICHKEITEN
7 TOLLE BUFFETS

AUS DEM SCHWEDISCHEN ÜBERTRAGEN VON FRAUKE WATSON

Lifestyle by BUSSE SEEWALD

BUFFETS

DIE REZEPTE SIND FÜR 8–10 PERSONEN VERANSCHLAGT

BUFFET UNO

BUFFET DUE

BUFFET TRE

BUFFET QUATTRO

Italienisches Essen passt gut in unsere Zeit, denn vieles davon lässt sich sehr schnell zubereiten. Dennoch wird ein Italiener sich immer Zeit zum Essen nehmen, denn Essen ist eines der Grundpfeiler der menschlichen Existenz – so etwas läßt man nicht ausfallen, allenfalls einmal das Frühstück.

Zwar mag das Zubereiten bei den Italienern schnell gehen, aber zum Verzehren selbst nimmt man sich Zeit – das Mittagessen zum Beispiel kann Stunden dauern. Doch es geht dort um sehr viel mehr als nur die Nahrungsaufnahme. Es geht um Genießen, Schmecken und Erleben, und nicht zuletzt ist es die ideale Gelegenheit, um Zeit in Gesellschaft zu verbringen. Es ist ein nordeuropäischer Irrtum, dass man lebt, um zu arbeiten – oder dass man isst, um zu leben.

Man lebt, um zu essen.

Die Einfachheit italienischer Gerichte ist verlockend. Man scheint nur ein paar wenige Zutaten zu brauchen, und schon sind sie fertig!

Doch der Schein trügt. Ich bin durchaus nicht der Einzige, der durch Italien gereist ist und beim Essen in italienischen Restaurants feststellen musste, dass man die Hauptgerichte – die *secondi piatti* – oft getrost vergessen konnte. Das italienische Essen läuft in den kleinen Gerichten, den Vorspeisen – *antipasti* – und dem darauffolgenden Gang – *primi piatti* – in dem Pasta, Risotto oder Suppe serviert werden, zur Hochform auf. Die Nachspeisen – *dolci* – kommen mit einer recht begrenzten Palette von Zutaten aus, aber das macht überhaupt nichts: man weiß eben, was funktioniert. In Italien ist man auch selbstbewußt genug, um zum Dessert einfach frisches Obst zu servieren.

Ein Buch über italienische Buffets liegt daher auf der Hand. Hier wird ganz einfach das Allerbeste angeboten, aus dem dann jeder selbst wählen kann. Man braucht nicht immer ein Hauptgericht. Auch in der Woche kann eine Auswahl von Vorspeisen zum Mittagessen völlig ausreichen. Eine Mahlzeit – egal, ob Lunch, Abendessen oder Picknick – soll lecker, gesund, sättigend und nahrhaft sein: andere Regeln gibt es nicht. Wenn sie dann auch noch leicht zuzubereiten ist, werde ich mich gewiß nicht darüber beschweren.

Tomas Tengby

Stefan Andersson *Marco Baudone*

Marco Baudone wurde 1973 in Karlshamn auf Blekinge geboren. Mamma Maj-Britt stammt aus dem schwedischen Schonen und Pappa Giorgio aus La Spezia an der ligurischen Küste Italiens. Geprägt durch seine Familie, die gutes Essen liebt, begann Marco schon als Vierzehnjähriger, in Restaurants zu jobben. Nach dem Abschluss der Schule in Kristianstad zog er nach Stockholm. Er arbeitete insgesamt fünf Jahre in Restaurants in Italien und Paris. Nach seiner Rückkehr nach Schweden kochte er unter anderem fünf Jahre lang im berühmten *Operakällaren* in Stockholm.

Stefan Andersson ist Fotograf mit dem Spezialgebiet Food-Fotografie. Er lieferte unter anderem die Aufnahmen für *Systrarna Voltaires kokbok* und Malin Söderströms und Tomas Tengbys *Mat för blå dagar*. Er lebt in Stockholm und New York, wo er für die amerikanischen Zeitschriften *Martha Stewart Living* und *Saveur Magazine* fotografiert.

BRUSCHETTA

BUFFET UNO

Man spricht oft von „der italienischen Küche“ – aber die gibt es im Grunde gar nicht. Der Begriff umfasst eine Menge regionaler Varianten, von den Tiroler Alpen im Norden bis hin zur arabisch angehauchten sizilianischen Küche, die Afrika ein Stück näher liegt als Rom.

Italien ist eigenartig. Auf der einen Seite hat die Mittelmeerhalbinsel eine Jahrtausende alte gemeinsame Geschichte, doch auf der anderen Seite setzt sie sich aus vielen kulturell und geografisch sehr verschiedenen Regionen zusammen.

Diese Regionen wurden erst 1861 politisch zu Italien vereinigt. Damals sprach und verstand nur ein geringer Prozentsatz der Bevölkerung überhaupt Italienisch. Erst um die 1960er-Jahre wurde die offizielle Landessprache von einer Mehrheit beherrscht.

Tomas Lappalainen erwähnt in seinem Buch *Italien*, dass laut einer EU-Studie aus dem Jahre 1992 insgesamt 13 verschiedene Sprachen im Lande gesprochen werden. Und es gibt mindestens ebenso viele ausgeprägte Dialekte.

Doch so, wie die beiden Extremitäten des Landes 140 Jahre nach ihrer Zusammenlegung – und glatte 700 Jahre nach der von Dante Alighieri vorgeschlagenen Vereinigung – einander sprachlich näher gekommen sind, findet auch auf dem Sektor der Esskultur eine Annäherung statt. Die Gerichte des Südens werden heute auch im Norden serviert – und umgekehrt. Doch an den kulturellen Besonderheiten wird noch heute festgehalten. Man versteht sich nicht als Italiener, sondern Römer, Sizilianer oder Toskaner. Der Toskaner isst toskanisch und der Römer römisch. Zwar liegen Rom und Florenz nur etwa 250 km voneinander entfernt, doch Küche, Kultur und Identität sind sehr verschieden.

In Buffet Uno finden wir eine klassische Bruschetta aus dem Süden, Gorgonzola aus dem Norden, das arabische Erbe zeigt sich in der Minze und allen gemeinsam ist die Vorliebe für frische Zutaten wie z. B. Zitronen aus Amalfi und dem überall wild wachsenden Rosmarin. Das Hühnchen nach Jägerinnen Art erinnert an magere Zeiten, die noch gar nicht so lange zurückliegen. Die Liebe zur „Küche der Armen“ – *la cucina povera* – ist immer noch groß.

DREIERLEI BRUSCHETTA

GEGRILLTES WEISSBROT
AUF ITALIENISCHE ART

Bruschetta ist das einfachste Gericht der Welt – ein Stück Röstbrot mit etwas Leckerem darauf. Normalerweise sind das frische Tomaten, Olivenöl und Basilikum und, je nach Geschmack, Zwiebeln oder Knoblauch. Man serviert es überall in Italien.

30 Scheiben Weißbrot oder Baguette
ca. 50 ml Olivenöl

Den Backofen auf hohe Temperaturstufe vorheizen. Die Brotscheiben mit Olivenöl einpinseln und goldbraun grillen. Hier folgen drei Rezepte für Aufstriche.

RICOTTA, PISTACCHIO E LIMONE

RICOTTA, PISTAZIEN UND ZITRONE

Ricotta bedeutet „wiedergekocht“. Der bei der Gewinnung von Mozzarella, Pecorino oder anderem Käse angefallenen Molke wird Zitronensäure zugesetzt. Daraus entsteht durch mehrmaliges Erhitzen der Ricotta-Frischkäse. Er kann aus Kuh-, Schafs- oder Büffelmilch bestehen. Im Süden Italiens wird gesalzener und mehrere Monate gelagerter Ricotta oft anstelle von Parmesan verwendet.

50 Pistazien
125 g Ricotta
Schale und Saft von 1/2 Zitrone
1 El Olivenöl
Salz und Pfeffer

Pistazien fein hacken. Mit Ricotta, Öl und Gewürzen in eine Schüssel geben, mit einem Holzlöffel gut mischen. Den Zitronensaft tropfenweise zugeben, bis die Mischung eine gute Konsistenz hat. Auf das gegrillte Brot geben.

PURÉ D'OLIVE

OLIVENTAPENADE

Tapenade leitet sich aus *tapéno* ab, dem provençalischen Wort für Kapern. Doch da es die Römer waren, die der Provence ihren Namen gaben – er bedeutet schlicht „Provinz“ – gehört Tapenade einfach in dieses Buch. Die Oliven unbedingt vorher probieren – billige Oliven werden auch in Tapenade nicht besser!

300 g schwarze Oliven, entsteint
40 g Kapern
36 g Anchovis
1 Knoblauchzehe
1 El Cognac
ca. 50 ml kaltgepresstes Olivenöl

Die Zutaten im Mixer pürieren. Das Öl zuletzt tropfenweise zugeben, bis die gewünschte Konsistenz erreicht ist. Auf das Brot streichen.

POMODORO E BASILICO

TOMATEN MIT BASILIKUM

4 gehäutete, entkernte Tomaten, gehackt
1 El kaltgepresstes Olivenöl
1/3 Bund Basilikum, gehackt
Salz und Pfeffer

Tomaten leicht einschneiden und ca. 10 Sekunden in kochendes Wasser legen, unter kaltem Wasser abschrecken. Die Haut abziehen und das Innere entfernen. Fein hacken.

Mit Öl und Basilikum mischen. Feinschmecker behaupten, dass man Basilikum nie schneiden, sondern nur mit den Fingern zerpflücken sollte. Mit Salz und Pfeffer abschmecken – schwarzer Pfeffer wird in Italien übrigens sehr oft verwendet. Das gegrillte Brot sofort mit der Mischung belegen.

SEDANO CON GORGONZOLA

STANGENSELLERIE MIT GORGONZOLA

Gorgonzola stammt aus dem gleichnamigen Ort in der Lombardei und wird schon um das Jahr 1000 schriftlich erwähnt. Er ist einer der bekanntesten Exportartikel Italiens und wird noch heute in der Lombardei und im Piemont hergestellt.

Mascarpone ist ein sahniger, weicher Frischkäse mit sehr mildem Geschmack. Wer keinen Mascarpone findet, kann auch etwas Quark mit Crème Fraîche mischen.

200 g Gorgonzola
2 El Mascarpone
10 Selleriestangen, gespült und abgetrocknet
3–4 Radieschen, in Scheiben
2 Stiele frisch gehackte Petersilie

Gorgonzola (er muss Zimmertemperatur haben) und Mascarpone zu einer glatten Masse verarbeiten. Die Selleriestangen damit füllen und mit Radieschen und Petersilie garnieren.

FRITTATA

BAUERNOMELETTE

Frittatas isst man warm oder kalt, als Vorspeise oder Hauptgericht und je nach Füllung – das können frische Zutaten oder auch Reste sein – dick oder dünn. *Salsiccia* bedeutet einfach Wurst – sie besteht meist aus frischem Fleisch, dem oft gehackte Nüsse zugesetzt sind. Sie ist nicht lange haltbar und muss vor dem Essen gebraten oder gekocht werden. Je nach Herkunftsregion ist sie verschieden, meist jedoch sehr stark gewürzt. *Salsiccia secca*, luftgetrocknete Wurst, muss man vor dem Essen nicht erst zubereiten.

1 l Sahne
10 Eier
1 gehäuften El geriebenen Parmesan
4 Salsicciawürste, in Scheiben
200 g Spinat, zerpflückt und gespült
2 Knoblauchzehen, fein gehackt
Salz und schwarzer Pfeffer

Backofen auf 200 °C vorheizen.

Eier und Sahne mit dem Schneebesen schaumig schlagen. Parmesan, Salz und Pfeffer zugeben.

Die Bratwurstscheiben braten, Spinat und Knoblauch zugeben. Unter die Sahne-Ei-Mischung rühren und in eine gusseiserne Pfanne mit Eisengriff geben. 30 Minuten in den Backofen stellen. Zum Servieren nach Geschmack mit frischer Rauke garnieren.

PATATE AL FORNO

OFENKARTOFFELN

3 Backkartoffeln, in Keile geschnitten
5–6 ganze Knoblauchzehen
50–100 ml Olivenöl
2 Rosmarinzweige
100 g Schinken, in Streifen geschnitten
Salz und Pfeffer

Den Backofen auf 200 °C vorheizen.

Alle Zutaten außer dem Salz in eine Ofenform geben und mit dem Pfeffer bestreuen.

Die Kartoffeln etwa 40 Minuten goldbraun backen, dann Salz zugeben.

POLLO ALLA CACCIATORA

HÜHNCHEN NACH JÄGERINNEN ART

1 Mohrrübe
2 Knoblauchzehen
1 Selleriestange
100 ml Olivenöl
8–10 Hähnchenbrüste, entbeint
200 ml trockener Weißwein
ca. 250 g Tomaten, zerdrückt
2 Lorbeerblätter
1 Rosmarinzweig
100 ml schwarze Oliven
Salz und Pfeffer

Den Backofen auf 175 °C vorheizen.

Mohrrübe und Sellerie in Würfel schneiden, Knoblauch fein hacken. In etwas Olivenöl weich dünsten, aber nicht braun werden lassen.

Das Hähnchenfleisch in dem restlichen Öl goldbraun braten.

Das Fleisch mit dem Gemüse in eine ofenfeste Form geben. Etwas Weißwein, die zerdrückten Tomaten, Kräuter und Oliven zugeben.

Salzen, pfeffern und ca. 20 Minuten backen.

PASTA ALL'ARRABBIATA

PASTA MIT CHILI UND KREBSSCHWÄNZEN

Arrabiata lässt sich mit wütend, brennend oder einfach heiß – also scharf – übersetzen. Für die Schärfe sorgen *peperoncino*: kleine getrocknete Paprikaschoten, die besonders in Süditalien viel verwendet werden.

Es ist eigentlich unmöglich, dafür Mengenangaben zu nennen, denn die Schärfe ist von Sorte zu Sorte verschieden. Doch dies Gericht soll scharf werden!

1 kg Pasta
2 El Olivenöl
2 Knoblauchzehen, fein gehackt
2 rote Chilischoten, fein gehackt
ca. 500 g Tomaten, passiert
250 g Krebsschwänze
5 Stiele glatte Petersilie
Salz und Pfeffer

Pasta kochen, dabei die Sauce zubereiten. Chili und Knoblauch in Öl erhitzen und die Tomaten zugeben, salzen und pfeffern.

Mit der gekochten Pasta mischen und die Krebsschwänze zugeben. Zum Servieren mit grob gehackter Petersilie bestreuen.

INSALATA DI CECI CON YOGHURT DI MENTA

KICHERERBSENSALAT MIT JOGHURT UND MINZE

Kichererbsen und Minze erinnern an den arabischen Einfluss in der süditalienischen Küche.

5 El Olivenöl
2 grüne Zucchini, gewürfelt
2 Knoblauchzehen, grob gehackt
3 Dosen Kichererbsen
2 rote Zwiebeln, fein gehackt
2 Tl Rotweinessig
Salz und Pfeffer

Zucchini und Knoblauch in 1 El Öl anbraten. Abkühlen lassen.

Kichererbsen, rote Zwiebeln, das restliche Öl, Essig, Salz und Pfeffer gut miteinander mischen und die Zucchini zugeben. Mit Croutons servieren.

Croutons
1/2 Baguette
2 El Olivenöl
1 Knoblauchzehe

Das Brot in kleine Würfel schneiden.

Die Knoblauchzehe halbiert in dem Öl anbraten, ohne sie braun werden zu lassen. Herausheben und das Brot im Öl rösch braten.

Die Croutons vor dem Servieren auf Küchenpapier abtropfen lassen.

Minzjoghurt
200 ml Joghurt
1 Bund Minze, fein gehackt
Salz und Pfeffer

Joghurt und fein gehackte Minze zu einem Dressing verrühren, mit Salz und Pfeffer abschmecken.

MOUSSE DI YOGHURT CON LIMONCELLO

ZITRONENLIKÖR- UND JOGHURTMOUSSE

Limoncello ist der ganze Stolz der Campagna. Der Likör wird aus den Zitronen der schönen Amalfiküste gemacht, wo schon seit dem 6. Jahrhundert Zitronen angebaut werden. Limoncello wird auch mit Capri und Sorrento in Zusammenhang gebracht.

3 1/2 Blatt Speisegelatine
500 ml Joghurt
200 ml Puderzucker
250 ml Schlagsahne
3 El Zitronenlikör
100 ml Wasser
100 ml Zucker
50 g Pecannüsse
fein geriebene Schale von 1 Zitrone

Die Gelatine in kaltem Wasser einweichen.

Joghurt, Puderzucker, Sahne und Zitronenlikör mit dem Schneebesen verrühren. Gelatine aus dem Wasser nehmen, gut ausdrücken.

50 ml der Joghurtmischung in einen Topf geben, die Gelatine unter ständigem Rühren darin auflösen und mit der restlichen Joghurtmischung verrühren.

Auf Servierschalen verteilen und ca. 3 Stunden in den Kühlschrank stellen.

Den Backofen auf 200 °C vorheizen.

Wasser und Zucker in einen Topf geben, unter ständigem Rühren erhitzen, bis der Zucker gelöst ist. Abkühlen lassen. Die Pecannüsse in der kühlen Zuckerlösung wenden und auf einem tiefen Backblech verteilen. Im Backofen ca. 5–10 Minuten goldbraun rösten. Zum Servieren die Mousse mit gerösteten Nüssen und geriebener Zitronenschale bestreuen.

TORTA DI RISO

REISPUDDING

Dies ist Milchreis auf italienische Art. Das norditalienische Flachland, besonders die Poebene, eignet sich perfekt für den Reisanbau. Italien ist Europas größter Reisproduzent und exportiert 60 % seiner Ernte. Im Piemont, der Lombardei und dem Veneto wird mehr Reis als Pasta gegessen.

250 g Risottoreis
1 l Vollmilch
1 Zimtstange
4 Eier
200 g Zucker
geriebene Schale von 2 Zitronen oder 2 Apfelsinen
Puderzucker zum Bestreuen
nach Geschmack Schlagsahne und Himbeeren

Den Backofen auf 175 °C vorheizen.

Den Reis mit der Zimtstange unter ständigem Rühren ca. 20 Minuten in der Milch kochen. Abkühlen lassen, die Zimtstange herausnehmen.

Eier, Zucker und Zitrusschale mischen und unter den Reis heben. Eine Springform mit Butter einpinseln, die Reismischung hineingeben und im Backofen ca. 45 Minuten backen. Abkühlen lassen.

Zum Servieren mit Puderzucker bestäuben und nach Geschmack Himbeeren und Schlagsahne dazu reichen.

BUFFET DUE

Die klassische französische Küche lässt sich mit einem Ölgemälde vergleichen – sie ist vielschichtig, umständlich und zeitaufwändig. In Italien dagegen liebt man sozusagen die Aquarellmalerei – schnell, impulsiv und einfach.

Wenn einem bei der Ölmalerei ein Fehler unterläuft, kann man die Stelle einfach übermalen. Das geht bei der Aquarellmalerei leider nicht. Entweder sitzt der Pinselstrich – oder nicht. Um bei unserem Vergleich zu bleiben: auch in der italienischen Küche kann man nicht mogeln. Ihre Einfachheit und Reinheit verlangt die besten Zutaten. Die italienische Umgangsweise mit Nahrungsmitteln besteht darin, diese dann zu verwenden, wenn sie am besten sind und nur das Allernötigste mit ihnen zu veranstalten, damit der Geschmack am besten zur Entfaltung kommt. Ein paar Tropfen gutes Olivenöl können da schon ausreichen. Das Artischockenaroma wird durch Zitrone und Parmesan besonders hervorgehoben, während Gnocchi mit der wunderbaren Kombination von Butter und Salbei am besten schmecken.

Und das vanilleduftende Panna Cotta mit frischen Erdbeeren, das mir einmal an einem kleinen Straßencafe in Rom serviert wurde, wird mir stets unvergesslich bleiben.

CARCIOFI

ARTISCHOCKEN MIT PETERSILIE, ZITRONE UND PARMESAN

Das italienische Wort für Artischocke – *carciofo* – kommt von dem arabischen *kharshuf*. Früher nannte man sie auch *cynara*: Cynar ist ein beliebter italienischer Likör mit Artischockengeschmack.

Es gibt viele verschiedene Sorten von Artischocken auf dem Markt: die große, runde, stachellose *Romanesco*, die länglich-schmale, ebenfalls stachellose *Catanese*, die lilafarbene *Violetta di Toscana* u.s.w. Zerbrechen Sie sich nur nicht den Kopf darüber, wie man eine Artischocke mit Messer und Gabel isst: dafür nimmt man nämlich stets die Finger!

3 große Artischocken
1 Stängel glatte Petersilie, gehackt
75 g Parmesan, gehobelt
5 El kaltgepresstes Olivenöl
Salz und Pfeffer

Die Artischocken etwa 45 Minuten in Salzwasser kochen, bis sich die Blätter leicht ablösen lassen. Warm oder kalt mit den übrigen Zutaten servieren.

VITELLO TONNATO

KALBFLEISCH MIT THUNFISCH-MAYONNAISESAUCE

Kalbfleisch wird in Italien weitaus häufiger gegessen als nördlich der Alpen. *Vitello tonnato* bedeutet wörtlich etwa „gethunfischtes Kalbfleisch". Die unerwartet leckere Kombination von Fleisch und Fisch ist eine traditionelle Vorspeise aus dem Piemont und der Lombardei.

Das hier verwendete Rezept stammt aus Pellegrino Artusius Kochbuch aus dem späten 19. Jahrhundert, *La Scienza in Cucina e l'Arte di mangiar bene*.

500 g Kalbsfilet, in drei lange Streifen geschnitten
2 El Olivenöl
1 Stängel Petersilie, gehackt
Salz und Pfeffer

Die Mayonnaisesauce (siehe Rezept) am besten schon am Tag zuvor machen, damit der Geschmack sich voll entwickeln kann.

Das Fleisch salzen und pfeffern und in Olivenöl von allen Seiten etwa 1–2 Minuten scharf anbraten. Abkühlen lassen.

Die Fleischstücke in der gehackten Petersilie wenden, sodass rundherum etwas hängen bleibt. In dünne Scheiben schneiden. Zum Servieren auf Salatblättern anrichten und mit der Sauce übergießen.

Mayonnaisesauce

2 Dosen Thunfisch in Öl, abgetropft
2 El Kapern
7 Anchovis (Sardellenfilets)
1 Knoblauchzehe, fein gehackt
100 ml trockener Weißwein
100–200 ml kaltgepresstes Olivenöl
etwa 200 ml Mayonnaise
Bratensaft, wenn vorhanden

Den abgetropften Thunfisch zerpflücken und zusammen mit den übrigen Zutaten im Mixer pürieren.

GAMBERONI CON PEPERONATA

GAMBAS MIT TOMATEN-PAPRIKAKOMPOTT

Paprika wird im Süden Italiens viel verwendet und besonders mit der sizilianischen Küche in Verbindung gebracht. Sie wurde, wie auch die Tomate und die Kartoffeln – allesamt Nachtschattengewächse – erst nach der Entdeckung Amerikas in Italien eingeführt. Anfangs stand man den neuen Gewächsen skeptisch gegenüber – so wurde Paprika zunächst als Zierpflanze angebaut. Heute jedoch hat sie sich einen festen Platz in Italiens Küche erobert.

pro Person 3 Scampi, geschält
8–10 Bambusspießchen

1 kg rote Paprika
1 kg Tomaten
5 mittelgroße Haushaltszwiebeln
2 Knoblauchzehen
2 El Olivenöl
Salz und schwarzer Pfeffer
8–10 große Romano-Salatblätter

Den Backofengrill auf der höchsten Temperaturstufe vorheizen.

Die Paprika darin im Ganzen rösten, bis die Schale schwarz wird. Dabei mehrmals umwenden. Abkühlen lassen, die Schale abziehen und die Kerne entfernen.

Die Tomaten rundherum leicht einschneiden und etwa 10 Sekunden in kochendes Wasser legen, herausnehmen und mit kaltem Wasser abschrecken. Die Schale abziehen, das Innere entfernen und die Tomaten in feine Würfel schneiden.

Die Zwiebeln fein hacken.

Zwiebel und Knoblauch in dem Olivenöl glasig dünsten. Tomaten und Paprika zugeben und etwa 30 Minuten weiterdünsten, bis die Tomaten alle Flüssigkeit abgegeben haben. Salzen und pfeffern.

Die Scampi auf die Bambusspießchen stecken und grillen, auf Salatblättern anrichten und sofort servieren.

FINOCCHI MARINATI

FENCHEL IN ZITRONENMARINADE MIT SPINAT

Eingelegtes Gemüse ist schnell gemacht und immer eine leckere Vorspeise. Es ist in ganz Italien beliebt – roh, wie hier, oder gegrillt.

Man kann das Gemüse auch vorher blanchieren und in eine frische Marinade aus Olivenöl, Zitrone oder Essig legen – gern auch zusammen mit frischen Kräutern, Chili oder Knoblauch. Die Variationen zu diesem schlichten Thema sind unendlich. Das Ergebnis ist eine gute, einfache Vorspeise, die zu fast allem passt.

4 Fenchelknollen
Saft und geriebene Schale von
2 Zitronen
ca. 150 ml kaltgepresstes Olivenöl
1 El Rotweinessig
Meersalz und schwarzer Pfeffer
ca. 150 g Blattspinat

Die Fenchelknollen je in 6–8 Stücke zerteilen.

Zitronensaft und -schale, Olivenöl, Salz und Pfeffer zu einer Vinaigrette verrühren. Den Fenchel vor dem Servieren mindestens 3 Stunden in der Vinaigrette marinieren lassen. Zum Servieren auf Blattspinat anrichten.

Tipp: schmeckt besonders gut zu gegrilltem Fisch!

ZWEIERLEI GNOCCHI

KARTOFFELPASTA

Gnocchi sind kleine Klöße aus Kartoffeln, Brot oder Polenta. Es gibt sie auch als Pasta (siehe untenstehendes Rezept). Sie schmecken schon lecker mit einer ganz einfachen Tomatensauce. Gnocchi werden zumeist mit der Küche Norditaliens in Verbindung gebracht.

500 g Kartoffeln
200 g Milch
1 Eigelb
Salz und Pfeffer

Den Backofen auf 175 °C vorheizen.

Die ungeschälten Kartoffeln rundherum einstechen und 50–60 Minuten backen. Die Schale abziehen und die Kartoffeln mit den übrigen Zutaten zu einem Teig zerstampfen.

Den Teig zu mehreren fingerdicken Rollen formen und diese in ca. 2 cm lange Stücke schneiden. Die so geformten Klöße in Salzwasser garen.

Mit Pestosauce servieren (siehe Rezept).

Wenn man es eilig hat, gibt es frische Gnocchi und Pestosauce fertig zu kaufen.

BACON CON SALVIA

PASTAGNOCCHI MIT SCHINKEN UND SALBEI

Salvare ist das lateinische Wort für heilen, retten; *salvus* bedeutet gesund. In der Antike war der Salbei wohl eine der wertvollsten Heilpflanzen überhaupt. Er duftet außerdem wunderbar und ist in ganz Italien beliebt.

Pastagnocchi (die Menge ist je nach Paket verschieden)
50 g Butter
150 g Schinken, gebraten, in Streifen
3 Stängel Salbei
2 El Olivenöl
Salz und schwarzer Pfeffer

Die Gnocchi in Salzwasser garen. Butter in der Pfanne zerlassen, Schinken, Salbei und Gnocchi darin unter Rühren erhitzen. Salzen, pfeffern und zuletzt das Olivenöl zugeben.

PESTO

KRÄUTERSAUCE

Pesto alla Genovese ist der ganze Stolz Liguriens. Wie immer, können sich auch hier Fertigprodukte einfach nicht mit den frisch gemachten Gerichten messen. Feinschmeckern zufolge sollten auch Olivenöl und Basilikum aus Ligurien stammen. Zudem sollte auf keinen Fall der Mixer, sondern ein Mörser verwendet werden, damit der Basilikum seinen Geschmack optimal entfalten kann: *pestare* bedeutet nämlich zerstoßen! Einstmals erkannte man Seeleute und Kreuzfahrer aus Genua überall an ihrem Geruch, denn dort ernährte man sich praktisch von Pesto.

1 l Basilikum, zerpflückt
2 Knoblauchzehen
1 kalte, gekochte und geschälte Kartoffel
30 g Pinienkerne
150 ml geriebener Parmesan
ca. 300 ml kaltgepresstes Olivenöl
2 Tl Salz
1 Tl Pfeffer

Basilikum, Knoblauch und Kartoffel mit etwas Öl im Mörser zerstoßen. Pinienkerne, Parmesan und das restliche Öl zugeben. Nicht zu lange mischen – die Sauce sollte weder zu glatt noch zu körnig sein. Mit Salz und Pfeffer abschmecken und zum Servieren mit den gekochten Gnocchi mischen.

SPIEDINI CON POMODORI E MOZZARELLA

TOMATEN-MOZZARELLASPIESSCHEN

8–10 Bambusspießchen
4 El Balsamicoessig
3 El kaltgepresstes Olivenöl
2 Kirschtomaten pro Spieß
2 Stück Mini-Mozzarella pro Spieß
5 Stängel glatte Petersilie
Meersalz und schwarzer Pfeffer

Mozzarella in Essig und Öl wenden. Je 2 Tomaten und 2 Stück Mozzarella auf ein Spießchen stecken, salzen und pfeffern und mit der Petersilie dekorieren.

FOCACCIA AL ROSMARINO

FOCACCIABROT MIT ROSMARIN

Focaccia ist eine ligurische Brotsorte, die mittlerweile im ganzen Land verbreitet ist – besonders aber an der Küste, denn es schimmelt nicht so schnell wie anderes Brot. Man kann es auf verschiedene Weise würzen: z. B. mit Meersalz, Kräutern, Käse oder ganzen Oliven. In der Toskana wird es *schiacciata* genannt.

25 g Hefe
250 ml Wasser
400 g Weizenmehl
Meersalz
100–150 ml Olivenöl
2 Rosmarinzweige

Die Hefe in dem handwarmem Wasser auflösen und mit dem Mehl zu einem glatten Teig vermischen. 30 Minuten stehen lassen.

Auf einem Backblech zu einer vierkantigen Teigplatte ausrollen und mit dem Finger etwa 10 Löcher hineindrücken.

Den Backofen auf 200 °C vorheizen.

Die Teigplatte mit Salz bestreuen, mit Öl beträufeln und mit Rosmarin bestreuen. Nochmals höchstens 30 Minuten stehen lassen, dann etwa 25–30 Minuten backen.

Vor dem Servieren zerschneiden und mit den folgenden Zutaten belegen:

Oliventapenade
getrocknete Tomaten in Öl
eingelegte Artischocken
dekorative Salatblätter, z. B. Rauke
verschiedene Kräuter

PANNA COTTA ALLA VANIGLIA CON SALSA DI LAMPONI

VANILLE-PANNACOTTA MIT HIMBEERSAUCE

Italien hat einen recht kleinen Bestand an Nachspeisen, doch diese stehen in hohen Ehren. Der Sahnepudding panna cotta ist ein Klassiker aus dem Piemont, wo es Milch im Überfluss gibt – er soll schon aus dem Mittelalter stammen.

1 l Sahne
3 Vanillestangen, der Länge nach halbiert
5 El Zucker
4 Blatt Speisegelatine

Die Sahne mit den Vanillestangen zum Kochen bringen, vom Herd nehmen und 20 Minuten stehen lassen, damit das Vanillearoma in die Milch übergeht. Vanillestangen herausnehmen und den Zucker zugeben.

Die Gelatine ca. 1 Minute in kaltem Wasser einweichen, herausnehmen und in der Sahnemischung auflösen.

In eine Servierschale oder Portionsgefäße gießen und mindestens 3–4 Stunden stehen lassen. Vor dem Servieren die Himbeersauce (siehe Rezept) darüber gießen.

Himbeersauce
2 Körbchen Himbeeren, frisch oder gefroren
300 ml Zuckerlösung
(150 ml Wasser + 150 ml Zucker)
1 Tl Zitronensaft

Wasser und Zucker unter Rühren in einem Topf erhitzen, bis sich der Zucker gelöst hat. Abkühlen lassen. Himbeeren und Zitronensaft dazu geben und im Mixer pürieren.

PERE CON PECORINO

GEBACKENE BIRNEN MIT SCHAFSKÄSE

Pecorino, ein Schafskäse, ist in verschiedenen Ausführungen erhältlich: einerseits als regionale Variante, z. B. *Pecorino Sardo* und *Pecorino Romano*, die heute jedoch beide auf Sardinien hergestellt werden, und *Pecorino Siciliano*. Dazu gibt es verschiedene Reifegrade, von dem nur wenige Wochen alten toskanischen Pecorino über die mittelalten, mehrere Monate gereiften Sorten, bis hin zu den ganz durchgereiften, die besonders im Süden als Alternative zum Parmesan verwendet werden. Diese sind mindestens ein halbes Jahr alt.

6 Birnen
2 El Zucker
2 El Butter
Saft von 1 Zitrone
30 g geröstete Pinienkerne
250 g geriebener Pecorino

Den Backofen auf 175 °C vorheizen.

Die Birnen schälen, halbieren und das Kernhaus entfernen. In eine ofenfeste Form geben, den Zucker darüber streuen, die Butter in Flöckchen darauf verteilen und mit dem Zitronensaft besprenkeln. 20 Minuten backen.

Die Pinienkerne in einer heißen, trockenen Pfanne goldbraun rösten.

Die Birnen aus dem Backofen nehmen, mit dem geriebenem Pecorino bestreuen und weitere 5–10 Minuten in den Backofen stellen. Vor dem Servieren mit den gerösteten Pinienkernen bestreuen.

BUFFET TRE

In Italien mag man es häppchenweise – man isst lieber kleine Mengen von mehreren verschiedenen Gerichten anstatt einer einzigen großen Portion. Zuerst gibt es ein paar kleine Antipasti, um den Gaumen zu kitzeln, danach vielleicht ein Süppchen und dann natürlich ein Pastagericht – doch nicht etwa eine in Sauce getränkte Riesenportion, sondern ein paar Häppchen mit einem Löffelchen Sauce darüber, denn hier spielt die Pasta die Hauptrolle. Dann folgt ein Fisch- oder Fleischgericht, vielleicht mit ein paar Beilagen oder auch ganz für sich allein. Zur Abrundung gibt es eine einfache Nachspeise – etwas Sorbet oder Eis, frisches Obst oder vielleicht ein Stückchen Kuchen mit einem Glas Dessertwein. Und zu guter Letzt einen starken Espresso mit hellbraunem Kaffeeschaum, der *crema*, obendrauf.

Kulinarische Genüsse kann man in den exklusiven Restaurants im *centro storico,* dem historischen Stadtkern einer sagenumwobenen Stadt genauso erleben wie in einer einfachen Trattoria irgendwo im Landesinneren. Die Lage spielt keine Rolle – in Italien hält man große Stücke auf gute Küche. Restaurants werden oft seit Generationen von derselben Familie betrieben. Wenn man einmal gehört oder gelesen hat, dass ein Lokal besonders gut war, wird es das sehr wahrscheinlich noch heute sein, und ebenso wahrscheinlich wird es immer noch dasselbe Menü haben. Man ist sehr traditionsverbunden – warum etwas ändern, das sich bewährt hat? Sogar in einer Weltstadt wie Rom ist die Eröffnung etwa eines neapolitanischen Restaurants ein kleines Ereignis: hier hält eine fremde und spannende Esskultur Einzug. Doch etwas haben die Restaurants, die ich in Italien besucht habe, gemeinsam – im Norden wie im Süden, von der Pinte bis zum Nobeletablissement: die Beleuchtung. Sie sind stets gut ausgeleuchtet. Die einfacheren Lokale haben einfache Glühbirnen in der Decke, die feineren teure Installationen, doch das Licht ist immer gleich stark, die Glühlampen immer gleich nackt und blendend. Man hat den Eindruck, als ob man hier die Elektrizität gerade eben erst entdeckt hat und diesen Umstand stolz zur Schau stellen möchte.

Doch mit der Zeit empfindet man das einfach nur als charmant. Außerdem sieht man stets, was auf dem Teller ist.

MORTADELLA E MELONE

MELONE MIT MORTADELLA

Mortadella ist eine der bekanntesten italienischen Delikattessen. Sie stammt aus Bologna, der Stadt, die in Italien den Beinamen *la grassa*, die Fette, trägt. Früher wurde die große Wurst ausschließlich in den Provinzen Bologna und Parma hergestellt. Eine ganze Mortadella wiegt bis zu einem Zentner.

1/2 Wassermelone
10 Scheiben Mortadella
10 Sandwichspieße

Die Melone in große Würfel schneiden, Mortadellascheiben darauf drapieren und mit Sandwichspießen feststecken.

COZZE MARINATE

EINGELEGTE MIESMUSCHELN

2 kg Miesmuscheln
100 ml Weißwein
6 Tomaten
10 Gemüsezwiebeln
2 Knoblauchzehen
2 rote Chilischoten
1 Salatgurke
200 ml Tomatensaft
2 El kaltgepresstes Olivenöl
3 Spritzer Tabasco
Saft von 1 Zitrone
1 El Weißweinessig

Die Muscheln mit einer Küchenbürste reinigen und die Bärte entfernen. Geöffnete Muscheln, die sich beim Gegenklopfen nicht schließen, wegwerfen. Einen Topf erhitzen, die Muscheln hineingeben und den Weißwein darüber gießen. Zugedeckt 5 Minuten kochen lassen abkühlen lassen und aus den Schalen lösen. Alle Muscheln, die sich nicht geöffnet haben, wegwerfen.

Tomaten häuten, das Innere entfernen, das Fruchtfleisch fein hacken.

Zwiebeln, Knoblauch, Chili und Gurke schälen, hacken und mit den Tomaten zu den Muscheln geben.

Tomatensaft, Olivenöl, Tabasco, Zitronensaft und Essig zu einem Dressing verrühren, über den Muschelsalat geben und gut mischen. In Portionsschalen oder Gläsern servieren.

POMODORI MATURATI TIPO CAPRESE

GEBACKENE TOMATEN MIT MOZZARELLA À LA CAPRESE

Wie der Name schon sagt, stammt dieses Gericht von Capri, der kleinen Insel in der Bucht von Neapel. Schon die alten Griechen bevölkerten die Insel und der römische Kaiser Tiberius hatte hier seinen Wohnsitz. Der klassische *Insalata Caprese* besteht aus Mozzarella- und Tomatenscheiben, auf einem Teller angerichtet, mit frischem Basilikum, Salz, schwarzem Pfeffer und gutem Olivenöl.

20 kleine Tomaten oder
Kirschtomaten
1 Msp Zucker
1 Msp Cayennepfeffer
5 El Olivenöl
2 rote Zwiebeln
1 El Rotweinessig
3 Mozzarellakäse à 125 g
1 Glas große Kapern
1 Bund Basilikum, gehackt
Salz und schwarzer Pfeffer

Den Backofen auf 150 °C vorheizen.

Die Tomaten halbieren und in eine ofenfeste Form geben. Zucker, Salz, Cayennepfeffer und 2 El des Olivenöls darüber geben. 30–40 Minuten backen.

Die Zwiebel schälen, fein hacken und mit dem Rotweinessig mischen.

Den Mozzarella in Scheiben schneiden und mit Tomaten, Zwiebeln und Kapern anrichten. Die Basilikumblätter leicht hacken und darüber streuen.

Das restliche Öl über den Salat träufeln, salzen und pfeffern.

FAGIOLI BIANCHI CON PANCETTA

WEISSER BOHNENSALAT MIT PANCETTA

In Italien nennt man die Toskaner *mangiafagioli*, Bohnenesser. Am beliebtesten sind dort die kleinen weißen Bohnen, *cannellini* genannt. Heute gibt es auch außerhalb Italiens eine große Auswahl von italienischen Bohnen in Dosen zu kaufen. *Pancetta* ist eine Art gewürztes Pökelfleisch, das sich mit luftgetrocknetem Schinken vergleichen lässt.

200 g grüne Bohnen
5 Stängel glatte Petersilie
150 g Pancetta
2 Dosen weiße Bohnen,
z. B. Cannellini
kaltgepresstes Olivenöl
1 El Weißweinessig
Meersalz
Schwarzer Pfeffer, grob gemahlen

Die grünen Bohnen 2–3 Minuten in kochendem Salzwasser blanchieren, herausnehmen und sofort unter fließendem kaltem Wasser abspülen, damit sie schön grün bleiben.

Petersilie von den Stängeln pflücken und leicht hacken. Pancetta in Würfel schneiden. Alle Zutaten zu einem Salat mischen.

BROCCOLI CON SALSICCE E PECORINO

BROKKOLI MIT BRATWURST UND PECORINO

Brokkoli (Spargelkohl) ist mit dem Blumenkohl verwandt.

2 Broccoli
2 Salsicciawürste
70 g frisch gehobelter Parmesan
kaltgepresstes Olivenöl
schwarzer Pfeffer

Den Backofen auf 175 °C vorheizen.

Den Brokkoli in Röschen zerpflücken und den Stiel in kleine Stücke schneiden. In Salzwasser garen. Die Stielstücke zuerst 2 Minuten garen, dann die Röschen dazugeben und weitere 3 Minuten garen.

Die Salsiccia kurz anbraten.

Alles zusammen in eine ofenfeste Form geben, mit den Parmesanspänen bestreuen und 15 Minuten backen.

Vor dem Servieren mit Olivenöl beträufeln und mit schwarzem Pfeffer würzen.

LOMBO DI MAIALE

SCHWEINEBRATEN MIT ROSMARIN, HONIG UND KNOBLAUCH

Der Name Rosmarin kommt aus dem lateinischen *ros marinus*: Meerestau, womit angedeutet ist, dass sich die Pflanze entlang der Küste besonders wohl fühlt.

Rosmarin ist im ganzen Mittelmeergebiet beliebt – und besonders bei den Italienern. Getrockneter Rosmarin lässt sich leider nicht mit den frischen Zweigen vergleichen.

1 Schweinebraten, ca. 1 1/2 kg
3 El Olivenöl zum Braten
3 El Butter
100 ml Weißwein
5 Knoblauchzehen, gehackt
2 Rosmarinzweige
1 El Honig
Salz und Pfeffer

Den Backofen auf 150 °C vorheizen.

Das Fleisch salzen und pfeffern und rundherum scharf anbraten, bis es eine schöne braune Farbe hat, herausnehmen und in eine ofenfeste Form geben.

Butter, Weißwein, Rosmarin und den geputzten und in Scheiben geschnittenen Knoblauch zugeben. Etwa 40 Minuten backen, dann mit dem Honig einpinseln und nochmals höchstens 20–30 Minuten backen, bis das Fleischthermometer 75 °C anzeigt. Das Fleisch während des Backvorgangs hin und wieder mit dem Bratensaft übergießen.

In dünne Scheiben geschnitten servieren.

Tipp: Man kann diesen Braten auch wunderbar kalt servieren.

PIZZE

PIZZATEIG

Die Pluralform von Pizza ist *Pizze* – daher heißt es auch Pizzeria, nicht Pizzaria, denn dort werden mehrere Sorten von Pizza serviert.

Zur Römerzeit hat man das sogenannte picea gebacken, eine Art Focacciabrot. Um die erste Jahrtausendwende hieß es bereits pizza, doch diese war mit der uns heute bekannten nicht zu vergleichen. Die Tomatensauce kam gegen Ende des 18. Jahrhunderts dazu, wurde jedoch erst im 19. Jahrhundert richtig populär. Man kann also mit Exaktheit nur sagen, dass Pizza irgendwann zwischen der Römerzeit und heute erfunden wurde!

300 ml Wasser
50 g Hefe
2 El Olivenöl
500 g Weizenmehl
2 Tl Salz

Die Hefe zerkrümeln und im handwarmen Wasser auflösen.

Die übrigen Zutaten hineingeben und zu einem glatten Teig verarbeiten. 30 Minuten stehen lassen.

Versuchen Sie für den Belag einmal die nachstehenden Rezepte.

MELANZANE E CARCIOFI

PIZZA MIT AUBERGINEN UND ARTISCHOCKEN

Die Aubergine – *melanzane* auf italienisch – war früher überwiegend im *mezzogiorno*, d. h. Süditalien, beliebt. Erst Mitte des 19. Jahrhunderts begann sich auch der Rest des Landes für das Nachtschattengewächs zu erwärmen. In Italien gibt es auf dem Markt mehrere verschiedene Sorten zu kaufen, z. B. *Larga morada, Violetta lunga di Napoli, Belezza neda* oder *Violetta di Firenze*.

1 Aubergine
2 El Olivenöl zum Braten
ca. 250 g zerdrückte Tomaten
1 Mozzarellakäse, ca. 125 g
1 Dose eingelegte Artischocken
Salz und Pfeffer

Den Backofen auf 200 °C vorheizen.

Die Aubergine in grobe Würfel schneiden und braten.

Einen Pizzateig ausrollen. Die zerdrückten Tomaten und den in dünne Scheiben geschnittenen Mozzarella, die Auberginewürfel und die Artischocken darauf verteilen. Salzen und pfeffern und ca. 20 Minuten backen.

RUCOLA E PROSCIUTTO

PIZZA MIT RUCOLA UND SCHINKEN

Rucola oder Rauke gibt es mehr oder weniger pikant. Sie ist mit Senf, Kohl, Wasserkresse und Radieschen verwandt und wächst wild oder wird als Salatpflanze angebaut. Sie wird bei uns auch Raukenkohl, Steinrauke oder Ölrauke genannt.

ca. 250 g zerdrückte Tomaten
200 ml geriebener Parmesan
12 Scheiben Parmaschinken
50 g 1Hand voll Rauke
1/2 Bund Basilikum
1 El kaltgepresstes Olivenöl
Salz und schwarzer Pfeffer

Den Backofen auf 200 °C vorheizen.

Den Pizzateig zu kleinen runden Fladen ausrollen. Die Tomaten darüber geben und mit dem Parmesan bestreuen. Etwa 15 Minuten backen. Aus dem Backofen nehmen und sofort mit Schinken, Rauke und Basilikum belegen. Mit Olivenöl beträufeln und pfeffern.

Tipp: Würzen Sie die Tomaten auch einmal mit Knoblauch, Chili oder Cayennepfeffer.

FORMAGGI

ITALIENISCHES KÄSEBUFFET

Taleggio ist ein Kuhmilchkäse aus der Lombardei mit einer rotbraunen Kruste. Er ist weich und ist leicht säuerlich im Geschmack. Länger abgelagert schmeckt er etwas kräftiger. Er ist lecker als Schmelzkäse auf geröstetem Brot.

Fontina kommt aus dem Aostatal und trägt das DOC-Prädikat, ist also ein eingetragenes Warenzeichen. Der sehr milde Käse hat schon eine mehrere Jahrhunderte alte Tradition. Es gibt ihn frisch oder durchgereift.

Gorgonzola stammt aus der gleichnamigen Stadt in der Lombardei. Er kann bereits auf eine tausendjährige Tradition zurückblicken, trägt ebenfalls das DOC-Prädikat und wird in Teilen der Lombardei und des Piemont hergestellt.

Taleggio
Fontina
Gorgonzola

Dazu werden Birnen, Radieschen und weiße Rosinen gereicht.

GRANITE

EISGETRÄNK

Eisgetränke und Speiseeis sollen von den Arabern in Italien eingeführt worden sein, als diese Sizilien bevölkerten. Sie verwendeten Schnee von den Hängen des Aetna für ihre Nachspeisen. Das Wort Sorbet leitet sich aus dem Arabischen *sarbat* oder *sherbat* ab. Möglicherweise haben es die Araber jedoch ihrerseits den Persern abgeschaut. In den Dolomiten, den italienischen Alpen, hingegen behauptet man steif und fest, dass das Speiseeis hier erfunden wurde. In der Toskana kennt man es angeblich schon seit der Renaissance, doch die Sizilianer sind um 900 oder 1000 wohl wirklich die Ersten gewesen. Viel später wurde es von geschäftstüchtigen Kaufleuten in Venedig eingeführt.

Versuchen Sie es einmal mit den folgenden Geschmacksrichtungen:

Zerstoßenes Eis mit Himbeersirup und Minze
Zerstoßenes Eis mit Zitronenlikör
Zerstoßenes Eis mit Mandelsirup

Wenn der Geschmack zu konzentriert ist, geben Sie ein wenig Wasser hinzu.

BUFFET QUATTRO

Taormina auf Sizilien war schon in der Römerzeit ein Touristenparadies – eigentlich schon, seitdem die alten Griechen die Insel bevölkert hatten. Es ist wunderschön gelegen, in einer Bucht hoch über dem Meer, mit winkeligen Gassen, blühenden Blumenbeeten und einem Amphitheater, das sich wohl der schönsten Aussicht überhaupt rühmen kann: auf das Mittelmeer und die Hänge des Aetna.

Dort habe ich mein erstes Tiramisù gegessen. Der Kellner beschrieb es mit den folgenden Worten: *„It is like a cake but not a cake..."*

Jedes Mal, wenn ich es wieder esse, muss ich an diese Worte denken. Tiramisù gehört zu den Gerichten, die ich einfach überall probieren muss – nur um zu sehen, wie es diesmal schmeckt. Genauso, wie ich an jedem Ort, in den ich komme, sofort den Kaffee ausprobieren muss.

In Montefioralle in den Bergen über Greve, der Hauptstadt der toskanischen Provinz Chianti südlich von Florenz, versuchte sich ein anderer Kellner mit der Beschreibung einer Gemüsebeilage: *„It is like a spinach but not a spinach..."*

Und diese Worte klingen mir jedes Mal, wenn ich Mangold esse, in den Ohren. Es wäre doch alles einfacher, wenn ich endlich richtig italienisch lernen würde.

INSALATE DI PATATE E FAVE

KARTOFFELSALAT MIT GROSSEN BOHNEN UND DILL

1 kg kleine Kartoffeln
500 g Große Bohnen (ausgepalt)
1 Stängel Dill
1 Porreestange
kaltgepresstes Olivenöl
Meersalz und schwarzer Pfeffer

Die ungeschälten Kartoffeln in gut gesalzenem Wasser garen. Abkühlen lassen.

Die Bohnen 2 Minuten in Salzwasser kochen, sofort unter fließendem kalten Wasser abspülen, die harte Bohnenhaut entfernen.

Porree und Dill fein hacken und mit den Bohnen und Kartoffeln mischen. Mit Olivenöl beträufeln. Salzen und pfeffern.

POMODORI CON RICOTTA

GEFÜLLTE COCKTAILTOMATEN

Tomaten sind das Lieblingsgemüse der Italiener. Die Pflanze stammt aus den Anden und kam Mitte des 16. Jahrhunderts nach Europa, aber in den ersten 200 Jahren aß man ihre Früchte nicht: da es sich bei ihr um ein Nachtschattengewächs handelt, wurden diese für giftig gehalten. Sie war zunächst eine Zierpflanze.

Mitte des 18. Jahrhunderts hielt die Tomate in den Küchengarten Einzug. Um sie auch im Winter essen zu können, begann man, sie zu konservieren. Italien ist heute der weltgrößte Exporteur von Tomatenkonserven.

Aber welche Sorte soll man wählen: *San Marzano, Casalino, Sorrento, Pomodoro di Cerignola, Roma, Pachino, Marena, Sardo, Perino, Ramato, Napoli, Cuore di Bue, Palla di Fuoco* oder eine der anderen 5000 Sorten, die man weltweit findet?

10 Tomaten
500 g Ricotta
4 Stängel glatte Petersilie, gehackt
100 g geriebener Parmesankäse
3 El kaltgepresstes Olivenöl
Salz und Pfeffer
Nach Geschmack Hafergras, Schnittlauch oder Estragon als Garnierung

Den oberen Teil der Tomaten abschneiden und die Tomaten aushölen.

Petersilie fein hacken und mit Ricotta und Parmesan mischen. Olivenöl zugeben, salzen und pfeffern.

Die Tomaten mit der Mischung füllen.

PIADINE ROMANGNOLE

PITAHÄPPCHEN À LA ROMAGNA

400 g Weizenmehl
3 El Olivenöl
2 El heißes Wasser
Salz

Alle Zutaten mischen und eine Weile stehen lassen. Den Teil zu kleinen Fladen ausrollen und in einer Pfanne ohne Fett ausbraten.

Soll das Brot flacher werden, kann man die sich bildenden Blasen mit einer Gabel zerstechen.

Für die Garnierung:
1 Glas grüne Oliventapenade
1 Glas Anchovis (Sardellen) in Öl
10 Scheiben Parmaschinken
50 g 1 Hand voll Rauke

AGNELLO ARROSTO

LAMMBRATEN

ca. 1,3 kg Lammrücken
2 Tl Meersalz
2 Tl schwarzer Pfeffer
2 Knoblauchzehen, fein gehackt
2 rote Chilischoten, fein gehackt
4 Stängel glatte Petersilie, fein gehackt
2 Tl Cayennepfeffer
2 El Olivenöl

Das Fleisch salzen und pfeffern. Im Bräter oder auf dem Grill garen, bis sich eine schöne braune Kruste gebildet hat.

Knoblauch, Chili, Cayennepfeffer, Petersilie und Öl mischen und das Fleisch gegen Ende des Grillvorganges damit einpinseln.

BARBABIETOLE MARINATE

EINGELEGTE ROTE BETE

1 kg frische Rote Bete
1 dl Wasser
2 El Essig
50 ml Zucker
3 El kaltgepresstes Olivenöl
1/2 Glas große Kapern

Die ungeschälte Rote Bete in Salzwasser garen. Abkühlen lassen und schälen.

Wasser, Essig und Zucker zusammen zum Kochen bringen, abkühlen lassen.

Die Rote Bete in die abgekühlte Marinade geben, die Flüssigkeit nach 30 Minuten abgießen. Mit Olivenöl und Kapern mischen.

SOGLIOLA, ERBE E PANCETTA

ROTZUNGENFILETS MIT PANCETTA UND FRISCHEN KRÄUTERN

20 Rotzungenfilets
20 Scheiben Pancetta
ein paar Stängel Rosmarin und Thymian
3 El Olivenöl
Salz und schwarzer Pfeffer
10 Bambusspießchen

Den Backofen auf 175 °C vorheizen.

Je zwei Fischfilets, jeweils mit einer Scheibe Pancetta aufgerollt, auf einen Bambusspieß stecken. Salzen, pfeffern und auf ein mit Öl eingepinseltes Backblech legen.

Etwa 15 Minuten im Backofen garen.

Die Kräuter hacken und die Spießchen vor dem Servieren damit bestreuen.

FRITTELLE ALLA ZAFFERANA

FRITTIERTE REISBÄLLCHEN MIT SAFRAN

1 1/2 l Hühnerbrühe
2 El Olivenöl
2 fein gehackte Schalotten
1 Döschen Safran (0,5 g)
500 g Risottoreis
100 g geriebener Parmesan
100 g Butter
Salz und schwarzer Pfeffer
1 Kugel Mozzarella (125 g), in Streifen geschnitten
3 Eier, leicht verquirlt
300 ml Paniermehl
Öl zum Frittieren

Die Hühnerbrühe zum Kochen bringen.

Den Reis in einem Topf in dem Olivenöl zusammen mit Zwiebeln und Safran anschwitzen. Über ca. 20 Minuten nach und nach die Brühe zugeben, dabei öfters umrühren, damit sich der Reis nicht am Boden festsetzt.

Wenn der Reis fertig ist – er sollte noch nicht völlig durchgegart sein – und die Flüssigkeit aufgenommen hat, Parmesan, Butter, Salz und Pfeffer zugeben. Abkühlen lassen.

Den Reis zu runden Klößen formen und je ein Stück Mozzarella hinein drücken. Die Klöße zunächst in dem verquirlten Ei, dann in dem Paniermehl wenden und in ca. 170 °C heißem Öl goldbraun frittieren.

FRAGOLE ALL'ACETO BALSAMICO

ERDBEEREN IN BALSAMICOESSIG

Balsamicoessig – *aceto balsamico* – eignet sich nicht nur wunderbar für Saucen, sondern auch für Nachspeisen. Genau wie Wein gibt es auch Balsamicoessig in einer großen Palette von Geschmacksrichtungen, und genau wie beim Wein empfiehlt es sich auch hier, sorgfältig zu probieren. Meist lohnt es sich, einen höheren Preis zu bezahlen.

Ein echter *Aceto balsamico tradizionale di Modena* wird von Hand hergestellt, zwölf bis fünfzehn Jahre in Eichenfässern gelagert und kommt dann in kleinen runden Flaschen für den Preis eines guten Parfums in den Handel. Allerdings braucht man jeweils nur wenige Tropfen der dunkeln, sirupartigen Flüssigkeit. *Aceto balsamico di Modena* wird industriell hergestellt und ist deutlich billiger. Meist ist diese Sorte gemeint, wenn man von Balsamicoessig spricht. Es gibt jedoch sogar weißen Balsamicoessig.

3 Körbchen Erdbeeren
2 Msp Zucker
1–2 El Balsamicoessig
1 Stängel Minze

Die Erdbeeren halbieren, Zucker und Essig darüber geben. Mit frisch gehackter Minze bestreut servieren.

TIRAMISÙ

TIRAMISÙ

Tiramisù gibt es in ganz Italien und ist dort wohl der absolute Dessertklassiker, obwohl es angeblich erst Mitte der 1970er-Jahre erfunden wurde. Der Ort des Geschehens war El Toulà, ein für seine gute Küche bekanntes Hotelrestaurant in Treviso im norditalienischen Venetien. Doch erinnert der Geschmack an *zuppa del Duca* – wörtlich „Herzogssuppe" – ein Dessert aus Siena in der Toskana. Im Florenz des 19. Jahrhunderts wurde dies zur *zuppa inglese*, da es bei den damals zahlreich in der Stadt weilenden Engländern sehr beliebt war. Heute gibt es unzählige Variationen von Tiramisù. Der Name bedeutet übrigens „zieh mich hoch."

6 Eigelb
120 g Zucker
400 ml Schlagsahne
200 g Mascarpone
2 El Kaffeelikör
20 Löffelbisquits
200 ml starker Kaffee
2 EL Kakaopulver

Die Eigelbe mit dem Zucker schaumig schlagen. Die leicht geschlagene Sahne, Mascarpone und Likör darunter heben.

Die Löffelbisquits in dem Kaffee einweichen und abwechselnd mit der Mascarponemasse in Portionsschälchen, Kaffeetassen oder Gläser schichten.
Vor dem Servieren etwa 2–3 Stunden an einen kühlen Ort stellen.

Mit etwas Kakaopulver bestreut servieren.

BUFFET CINQUE

Grillen verbinde ich irgendwie mit Essen an der Küste – mit gegrilltem Fisch wie *pesce spada* oder *tonno,* Schwertfisch und Thunfisch, ganz schlicht und ergreifend mit ein paar Tropfen Zitronensaft serviert. Sind die Zutaten erstklassig und der Fisch ganz frisch, ist das Ergebnis einfach göttlich in seiner Einfachheit. Doch so etwas kann auch nach hinten losgehen – wenn der Fisch nicht einwandfrei ist, kann man sich auf eine Enttäuschung gefasst machen.

Ich erinnere mich an mein erstes *bistecca alla fiorentina*, gegrilltes T-Bone-Steak, ein Wahrzeichen der Toskana und besonders Florenz. Das Gericht kam dort im 19. Jahrhundert auf, denn damals wohnten besonders viele Engländer in der Stadt – und diese verlangten nach einem Stück Fleisch, wie sie es von zu Hause gewohnt waren. Heute bietet jedes Restaurant, das etwas auf sich hält, dieses Gericht an. Oft muss man jedoch für 2 Personen bestellen, und dann wird einem ein Tablett voller enormer, dicker Fleischstücke präsentiert, aus dem man sich sein Lieblingsstück selbst aussuchen kann.

Ich wusste, dass es sich bei meinem Bistecca um gegrilltes Fleisch handelte, aber ich kam nicht dahinter, wie es gewürzt war. Es schmeckte einfach unglaublich gut. Was hatte man damit gemacht? War es mariniert? Mit was für Kräutern? Es stellte sich heraus, dass man eigentlich gar nichts besonderes mit dem Fleisch angestellt hatte. Es wurde auf Holzkohle gegrillt, gesalzen und gepfeffert – mit schwarzem Pfeffer, wie in Italien üblich – und dann mit etwas Olivenöl und Zitronensaft beträufelt. Das war alles.

Das Geheimnis liegt im Fleisch der Rinder des Chianatals. Die Viehwirtschaft im Val di Chiana soll bis in die Vorzeit zurückreichen, wo der Urahn der Rinder, *bos primigenius,* den Höhlenmalern als Modell diente. Schon die Etrusker, und natürlich die Römer, hielten solche Rinder. Eine wichtige Rolle spielt dabei die Qualität des Weidelandes. Das Fleisch ist zart und eignet sich hervorragend zum Grillen, das wussten schon die Etrusker.

Entscheidend ist nicht, was man mit dem Essen macht, sondern wie es schmeckt – denn das Endziel ist ein himmlisches Geschmackserlebnis. Wenn man dafür fast nichts zu tun braucht, umso besser. Es geht im Endeffekt darum, die besten Zutaten zu finden und ihren Geschmack optimal zur Entfaltung kommen zu lassen.

ROBIOLA CON FICHI

ROBIOLAKÄSE MIT FRISCHEN FEIGEN

Robiola di Roccaverano geht schon bis auf die Kelten des heutigen Ligurien zurück (um 300 v. Chr.). Auch der römische Historiker Plinius d. Ä. – der 79 n. Chr. beim Ausbruch des Vesuv umkam – schätzte diesen fetaartigen Frischkäse, der aus einer Mischung von Kuhmilch und Ziegen- oder Schafsmilch besteht.

2 El kaltgepresstes Olivenöl
2 Robiolakäse
5 vollreife Feigen

Den Käse vor dem Servieren ein paar Stunden bei Zimmertemperatur stehen lassen. Mit Olivenöl beträufeln und die halbierten Feigen dazu reichen.

PARMIGIANO REGGIANO

ECHTER PARMESANKÄSE

Parmesankäse heißt mit vollem Namen eigentlich *parmigiano reggiano*. Er wird aus Milch hergestellt, die niemals mehr als einen Tag alt ist. Sie wird am Abend gemolken und am nächsten Morgen mit Morgenmilch gemischt. Der Käse war schon im Mittelalter eine Touristenattraktion. Pilger, die auf ihrem Weg durch einen der Herstellungsorte kamen, durften davon probieren.

Parmesan ist ein eingetragenes Warenzeichen und darf nur in Parma, Reggio Emilia, Modena und an einigen Orten der Provinzen Bologna und Mantua hergestellt werden. Um den Namen Parmesan tragen zu dürfen, muss der Käse hohen Ansprüchen gerecht werden. Die Milch z. B stammt ausschließlich von Freilandkühen, die sich nur von Grünfutter ernährt haben. Nach der Lagerzeit entscheidet eine Endkontrolle, ob der Käse das Markenprädikat tragen darf.

Die kleinen weißen Kristalle sind typisch für den Parmesan. Sie bilden sich während der langen Lagerzeit, die im Durchschnitt zwei Jahre beträgt.

Parmigiano reggiano fresco wurde bis zu 18 Monaten gelagert, *vecchio* ist 18–24 Monate und *stravecchio* 24–36 Monate alt.

Kenner zerschneiden echten Parmesan nicht mit dem Messer, sondern stechen mit einem eigens dafür hergestellten Käsemesser mit blattförmiger, stumpfer Klinge kleine Stücke von ihm ab.

Werfen Sie die harte Kruste nicht weg, sondern verwenden Sie sie zum Würzen von Suppen.

Grana padano ist ein dem Parmesan ähnlicher Käse, der in aller Regel jedoch weniger lange gelagert wurde. Er wird ebenfalls in Norditalien hergestellt, jedoch in einem deutlich größeren Gebiet als der *parmigiano reggiano*. Außerdem sind die Qualitätsanforderungen an die Milch nicht ganz so streng. Es kommt im nördlichen Europa häufiger vor, dass Händler den *grana padano* irrtümlich als Parmesan anbieten.

TONNO ALLA GRIGLIA

GEGRILLTER THUNFISCH MIT KAPERN, ZITRONEN, ZWIEBELN, ESTRAGON UND OLIVEN

Gegrillter Fisch ist ein Klassiker im ganzen Mittelmeerraum – speziell italienisch wird dieses Gericht durch die Sauce. Kapern werden besonders in Süditalien gern gegessen.

1 kg Thunfisch
Meersalz und schwarzer Pfeffer
1 Estragonzweig
entkernte schwarze Oliven nach Bedarf
Kapern nach Bedarf
2 Schalotten
geriebene Schale und Saft von 2 Zitronen
2 El kaltgepresstes Olivenöl
1 El Weißweinessig

Den Thunfisch in Scheiben oder Stücke schneiden, salzen und pfeffern und grillen.

Estragon mit Oliven, Kapern, den feingehackten Schalotten sowie Zitronenschale und -saft mischen, Olivenöl und Essig dazugeben.

Den Fisch vor dem Servieren mit der Sauce übergießen.

IPPOGLOSSO ALLA GRIGLIA

GEGRILLTER HEILBUTT

1 kg Heilbutt
2 Köpfe Salat
geriebene Schale und Saft von 2 Limetten
100 g Parmesan, grob geraspelt
3 El kaltgepresstes Olivenöl
1 El Sherryessig
1 El Olivenöl für den Fisch
Meersalz und schwarzer Pfeffer

Salat zupfen und waschen. Mit Limettensaft und Parmesan mischen. Mit Essig und Öl beträufeln.

Den Fisch mit Öl beträufeln, salzen, pfeffern und grillen.

Vor dem Servieren mit der geriebenen Limettenschale bestreuen.

POLENTA ALLA GRIGLIA

GEGRILLTE POLENTA

Polenta ist eine Grütze aus Maismehl. Noch im 16. Jahrhundert wurde Mais von venezianischen Kaufleuten importiert, doch ab dem 17. Jahrhundert begann man, ihn auch in Italien anzubauen. Er entwickelte sich schnell zu einer wertvollen Nahrungsquelle – Polenta wurde für viele Menschen zum Grundnahrungsmittel. Heute ist es eine beliebte Beilage, die auch oft gegrillt serviert wird.

1500 ml Hühnerbrühe
150–200 ml Polentamehl
1 Tl Salz
1 Tl weißer Pfeffer
2 El Olivenöl
Olivenöl zum Grillen

Die Brühe zum Kochen bringen und das Polentamehl unter Rühren zugeben. Salz, Pfeffer und Öl zugeben und 10–15 Minuten garen, dabei weiter rühren.

Die Masse in eine Kastenform geben und über Nacht, mindestens aber einige Stunden lang stehen lassen.

Die Polenta in Scheiben schneiden, mit Öl einpinseln und grillen.

SALSICCIA ALLA GRIGLIA

GEGRILLTE BRATWURST

10 Salsicciawürste (alternativ gut gewürzte, kleine rohe Bratwürste)

200 ml Crème fraîche
100 ml Mayonnaise
1 Tl Tabasco
1 grüne Chilischote, fein gehackt
1 Knoblauchzehe, fein gehackt
2 Stiele glatte Petersilie, gehackt
1 Tl Sherryessig
1/2 El Tomatenmark
1 Tl Salz
1 Tl frisch gemahlener schwarzer Pfeffer

Alle Zutaten zu einer Sauce mischen und die Bratwürste grillen.

PEPERONI MARINATI

EINGELEGTE PAPRIKA

4 große rote Paprika
Olivenöl
2 Knoblauchzehen, grob gehackt
1 rote Chilischote, fein gehackt
1 Stängel Petersilie, gehackt
Saft und Schale von 1 Zitrone
Salz und schwarzer Pfeffer

Den Backofen auf 175 °C vorheizen.

Die Paprika darin 10 Minuten backen. Abkühlen lassen, dann vierteln und das Innere entfernen.

Aus den übrigen Zutaten eine Marinade machen und die Paprikastücke darin einlegen.

MELANZANE CON MENTA

AUBERGINEN MIT MINZE

Die Kombination von Aubergine und Minze ist typisch sizilianisch. Italiens größte Insel war immer ein verlockendes Ziel für die Großmächte, und so wurde Sizilien nacheinander von verschiedenen Kulturen bevölkert, die dort alle ihre Spuren hinterlassen haben. Die Phönizier brachten den Wein, die Griechen Käse und Oliven. Die Byzantiner führten süßsaure Geschmackskombinationen ein, die Araber Zitrusfrüchte, Aprikosen, Melonen, Reis, Safran, Rosinen, Muskatnuss, Gewürznelken, Zimt und Minze. Die Spanier schließlich besetzten die Insel im Jahre 1713 und brachten Kakao, Mais, Tomaten und Auberginen mit. Im folgenden Gericht finden sich arabische und spanische Spuren.

2 Auberginen
Meersalz und schwarzer Pfeffer
Olivenöl
1 Stängel Minze
2 Zitronen

Die Auberginen in Scheiben schneiden, mit etwas fein gemahlenen Salz bestreuen und bei Zimmertemperatur etwa 30 Minuten stehen lassen. Abspülen und mit einem Küchentuch trocken tupfen, dann salzen, pfeffern und in dem Öl von beiden Seiten goldbraun braten.

Zum Servieren mit zerpflückter frischer Minze bestreuen und mit Zitronensaft beträufeln.

BOMBOLONI

KRAPFEN

Teig:

175 ml Milch
25 g Hefe
250 g Mehl

Die Hefe in der Milch auflösen, das Mehl zugeben und zu einem glatten Teig verarbeiten. 30 Minuten stehen lassen.

250 g Mehl
5 Eigelb
50 g Zucker
150 g Butter
1/2 Tl Salz
geriebene Schale von 2 Zitronen
Mark von 1 Vanillestange
Öl zum Frittieren

Alle Zutaten gut mischen und kräftig mit dem Teig verkneten, nachdem dieser 30 Minuten geruht hat.

Den Teig zu kleinen Bällen formen und nochmals 30 Minuten stehen lassen.

Die Krapfen in 180 °C heißem Öl ausbacken.

Zitronencreme:

50 ml Zitronensaft
65 g zimmerwarme Butter
75 g Zucker
2 Eier

Zitronensaft mit Butter und Zucker in einem Topf erhitzen. Die Eier hineinschlagen und 1/2–1 Minute weiterrühren. Die Masse in eine Schüssel geben und abkühlen lassen.

Zusammen mit der Zitronencreme servieren.

INSALATA DI FRUTTA

OBSTSALAT

In italienischen Speisekarten wird Obstsalat meist *macedonia* oder *macedonia di frutta* genannt. Mit gutem Obst in seiner Saison kann man nichts falsch machen – so ein Obstsalat als Abschluss einer guten Mahlzeit ist schwer zu übertreffen. Man kann Obst auch gut als Zwischengang reichen – das erfrischt.

1 Honigmelone
1 Ananas
1 kg Pfirsiche oder Nektarinen
500 g Aprikosen
500 g Kirschen
5 Maracuja
Saft von 3 Limetten
200 ml Maracujasaft
1 Stängel Minze
nach Geschmack etwas Zucker
1 Paket Cantuccini-Kekse (Biscotti)

Das Obst in kleine Stücke schneiden und mit dem Limetten- und Maracujasaft mischen. Die gehackte Minze und nach Geschmack etwas Zucker dazugeben. Italienische Mandelkekse (Cantuccini oder Biscotti) dazu reichen.

BUFFET SEI

Mit seinen *antipasti* und *pasti* zeigt sich Italien von seiner besten Seite. Bei diesen schnellen und einfachen Gerichten werden Rohstoffe und Geschmacksrichtungen oft auf eine derart geniale Weise kombiniert, dass man das Gefühl hat, als seien diese Zutaten von Anfang an füreinander geschaffen!

In diesen beiden Disziplinen wird auch viel experimentiert. Winzig kleine Variationen können da große Wirkung haben. Es gibt zum Beispiel buchstäblich Hunderte von verschiedenen Tomatensaucen für Pastagerichte – und zuweilen besteht der Geschmacksunterschied einzig und allein darin, in welcher Reihenfolge die Zutaten in den Topf kamen.

Wollte man die italienische Küche in musikalischen Termini beschreiben, so könnte man sagen, dass eine mit großem Orchester gespielte Melodie nicht unbedingt für ein besseres Klangerlebnis sorgt.

In einer unansehnlichen Trattoria in Sorrento fand ich einmal ein großes Antipastibuffet vor. Da gab es eingelegtes Gemüse mit unzähligen Variationen zum Thema Olivenöl und Gewürzen. Zwar konnte man ihnen den Unterschied nicht immer von außen ansehen, doch der Gaumen traf immer wieder auf neue wunderbare Geschmacksrichtungen.

CIPOLLE ALL'ACETO CON SALUMI

EINGELEGTE ZWIEBELN MIT WURST

Die hier gezeigten eingelegten Zwiebeln halten sich bis zu einem Jahr im geschlossenen Gefäß. Geöffnet kann man sie 2–3 Monate im Kühlschrank lagern. Aber Achtung – nicht mit den Fingern hineinfassen!

Servieren Sie die marinierten Zwiebeln zu Wurst und Schinken – zum Beispiel Prosciutto, Bresaola, Coppa oder Salami.

CIPOLLE ALL'ACETO BIANCO

ZWIEBELN IN WEISSWEINESSIG

1 kg geputzte Frühlingszwiebeln
2 Lorbeerblätter
1 rote Chilischote, halbiert
1 Thymianzweig
500 ml Weißweinessig
500 ml Weißwein
1 El Zucker
1 El Salz

Alles zusammen in einen Topf geben und 20 Minuten kochen. Abkühlen lassen.

Die Zwiebeln in ein Deckelglas legen und mit der Lake übergießen, bis sie ganz bedeckt sind. Einen fest schließenden Deckel verwenden.

CIPOLLE ALL'ACETO ROSSO

ZWIEBELN IN ROTWEINESSIG

1 kg geputzte Silberzwiebeln (Perlzwiebeln)
1/2 rote Chilischote
1 Knoblauchzehe
600 ml Rotwein
600 ml Rotweinessig
1 El Zucker
1 EL Salz

Alles zusammen in einen Topf geben und 20 Minuten kochen. Abkühlen lassen.

Die Zwiebeln in ein Deckelglas legen und mit der Lake übergießen, bis sie ganz bedeckt sind. Einen fest schließenden Deckel verwenden.

BORRETANE CON ACETO BALSAMICO

BORRETANE-ZWIEBELN IN BALSAMICOESSIG

1 kg geputzte Borretane-Zwiebeln
1 Zweig Rosmarin
500 ml Balsamicoessig
100 ml Sherryessig
100 ml Weißwein
300 ml Wasser
1 El Zucker
1 El Salz

Alles zusammen in einen Topf geben und 20 Minuten kochen. Abkühlen lassen.

Die Zwiebeln in ein Deckelglas legen und mit der Lake übergießen, bis sie ganz bedeckt sind. Einen fest schließenden Deckel verwenden.

CIPOLLE CON POMODORI E ACCIUGHE

EINGELEGTE HAUSHALTSZWIEBELN

4 Haushaltszwiebeln, geputzt und geviertelt
1 El Olivenöl
2 Knoblauchzehen
100 ml grüne Oliven
3 El sonnengetrocknete Tomaten
2 Zweige Oregano
1 El Kapern
10 Sardellenfilets/Anchovis
200 ml Weißwein
150–200 ml Weißweinessig

Die Zwiebeln mit den übrigen Zutaten außer Wein und Weißweinessig in einen Topf geben und glasig dünsten. Den Weißwein zugeben und einkochen lassen, dann den Essig zugeben. Abkühlen lassen.

Die Zwiebeln in ein Deckelglas legen und mit der Lake übergießen, bis sie ganz bedeckt sind. Einen fest schließenden Deckel verwenden.

ARINGA DEL BALTICO MARINATA

EINGELEGTER HERING

1 kg Heringsfilets
2 Knoblauchzehen
6 Zweige Thymian
1 Chilischote
2 El Olivenöl
200 ml Weißwein
100 ml Weißweinessig
Salz und Pfeffer
Geriebene Schale von 1 Zitrone

Die Filets mit Knoblauch, Thymian, Chili und Olivenöl in eine Servierform legen.

Wein und Essig zusammen zum Kochen bringen und über den Hering gießen. Salzen, pfeffern und mit der geriebenen Zitronenschale bestreuen. Abgekühlt servieren.

GRISSINI CON COPPA

GRISSINI MIT COPPA

Der Legende zufolge soll König Vittorio Emanuele II nach der gerade erfolgten Einigung Italiens eine neue Sorge geplagt haben, nämlich die um seinen kleinen Sohn. Der Knabe aß schlecht und mochte vor allem kein Brot. So bat der Leibarzt den Hofbäcker, ein Brot ohne weiches Innenleben zu erfinden. Das Ergebnis waren die langen, dünnen Grissinistangen.

Wie es mit dem jungen Prinzen weiterging, wissen wir nicht, aber die Grissini verbreitete sich schnell über ganz Turin.

Wollen Sie Grissini selbst backen, brauchen Sie unbedingt eine Waage, um die Zutaten exakt abmessen zu können.

1200 g Mehl
30 g Salz
50 g Olivenöl
90 g Butter oder Margarine, zimmerwarm
20 g Hefe
Wasser

Alle Zutaten außer Wasser und Hefe abwiegen und mischen.

Die Hefe in lauwarmem Wasser auflösen – das Wasser soll genau halb soviel wie die anderen Zutaten zusammen wiegen.

Die Hälfte der Mehlmischung mit dem Hefewasser mischen. danach den Rest zugeben und zu einen glatten Teig verarbeiten. 1 Stunde stehen lassen.

Den Backofen auf 200 °C vorheizen.

Den Teig in kleine Streifen ausrollen und noch einmal höchstens 30 Minuten stehen lassen. Die Backzeit beträgt etwa 10 Minuten.

CROSTINI

CROUTONS

2 Tüten gekaufte Croutons oder
2 Baguettes, in dünne Scheiben geschnitten

Die Brotscheiben mit 3 El Öl und 1 Msp Salz beträufeln. Im 200 °C heißen Backofen etwa 10 Minuten rösten. Dazu Antipasti servieren, zum Beispiel:

Oliven
Artischocken
Sardellen
Pesto
Oliventapenade
eingelegte Paprika
eingelegte Tomaten

PANE BIANCO DI CAMPAGNA

LANDBROT

Ein Brot für jeden Tag, das man überall im Mittelmeergebiet findet – außer in der Toskana! Dort tut man nämlich kein Salz ans Brot, denn das zieht die Feuchtigkeit an und Brot ohne Salz hält sich länger.

500 ml Wasser
20 g Hefe
20 g Salz
800 g Mehl

Hefe mit dem Wasser verrühren, dann mit Salz und Mehl zu einem Teig verkneten. 1 Stunde ruhen lassen.

Den Backofen auf 200 °C vorheizen.

Den Teig zu kleinen Baguettes oder Brötchen formen. Nochmals 30 Minuten stehen lassen. Die Backzeit beträgt etwa 15–17 Minuten.

PIZZA RUSTICA

RUSTIKALE MINIPIZZA

Für den Teig:
500 g Mehl
250 g Butter
100 ml Wasser
2 Eigelb
2 Tl Salz

Den Backofen auf 175 °C vorheizen.

Alle Zutaten zu einem glatten Teig verarbeiten und 30 Minuten stehen lassen.

Den Teig ausrollen und Mini-Pieformen damit auslegen. Mit einer der nachstehend beschriebenen Füllungen belegen und etwa 15 Minuten backen – die Backdauer hängt von der Größe der Pieform ab.

Füllung 1 – für 10 kleine Pies:
100 g Blattspinat
1 El Olivenöl
100 g Frühstücksspeck
2 El weiße Rosinen
2 El Pinienkerne
4 Eier
400 ml Schlagsahne
2 El geriebener Parmesan
Salz und Pfeffer

Den Backofen auf 175 °C vorheizen.

Spinat mit dem Öl in einer Pfanne anbraten, bis er zusammenfällt. Abkühlen lassen und die Flüssigkeit ausdrücken.

Die Pieformen mit Speck, Spinat, Rosinen und Pinienkernen füllen. Ei, Sahne und Parmesan mischen, salzen und pfeffern und über die Füllung gießen. Die Backzeit beträgt etwa 15 Minuten.

Füllung 2 – für 10 kleine Pies:
1 El Butter
100 g Pilze, geputzt und in Scheiben
1 Knoblauchzehe, fein gehackt
1 Stängel Petersilie, gehackt
4 Eier
400 ml Schlagsahne
3 El geriebener Parmesan
Salz und Pfeffer

Den Backofen auf 175 °C vorheizen.

Die Pilze mit Knoblauch und Petersilie braten und in die Pieformen füllen.

Eier, Sahne, Parmesan, Salz und Pfeffer verrühren und über die Füllung geben. Die Backzeit beträgt etwa 15 Minuten.

CARPACCIO

RINDERCARPACCIO

Carpaccio wurde 1950 in Harry's Bar in Venedig erfunden. Es wurde nach dem venezianischen Renaissancemaler Antonio Carpaccio benannt, der für seine intensiven Rottöne bekannt war. Zu dieser Zeit fand dort gerade eine Ausstellung seiner Werke statt. Das Gericht wurde für einen Stammgast der Bar aus dem allerhöchsten venetianischen Adel, Amalia Nani Mocenigo, geschaffen, der von ihren Ärzten viel rohes Fleisch verordnet worden war.

200 g Rinderfilet
2 El Pistazien, grob gehackt
1 Stück Parmesan
1 Hand voll Rauke
2 El Olivenöl
Salz und schwarzer Pfeffer

Das Fleisch per Hand oder mit der Maschine in dünne Scheiben schneiden. Wenn Sie es vorher in Frischhaltefolie wickeln und für 2 Stunden in das Gefrierfach legen, geht es leichter.

Die Scheiben auf einer großen Servierplatte auslegen. Mit Pistazien und gehobeltem Parmesan bestreuen und die Rauke darüber verteilen. Mit Olivenöl beträufeln, salzen und pfeffern.

SALSA AL TONNO

THUNFISCHSALSA

Thunfischsauce ist eine beliebte Füllung für tramezzini – Appetithäppchen, die aus schichtweise übereinander gestapelten und in Dreiecke geschnittenen Weißbrotscheiben bestehen.

1 rote Chilischote
2 Dosen Thunfisch in Öl
2 El Crème fraîche
1 El Olivenöl
1 Tl Weißweinessig
3 Anchovis/Sardellenfilets
3 Frühlingszwiebeln, fein gehackt
Meersalz und grob gemahlener schwarzer Pfeffer

Alle Zutaten außer den Zwiebel im Mixer pürieren. Zum Schluss die Zwiebel zugeben.

BORLOTTI CON PEPERONCINO E CIPOLLA

EINGELEGTE BOHNEN

Borlottibohnen sind große, rotgesprenkelte und schmackhafte Bohnen, die gemeinhin als Italiens feinste Bohnen gelten.

2 Dosen Borlottibohnen
2 Schalotten, fein gehackt
1 rote Chilischote, fein gehackt
Olivenöl oder anderes Feinschmeckeröl, z. B. Knoblauchöl
Salz und schwarzer Pfeffer

In der richtigen Saison findet man zuweilen auch frische Borlottibohnen. Diese müssen gepalt und in Salzwasser gekocht werden. Aus den übrigen Zutaten eine Marinade rühren.

BUFFET SETTE

Sette

Italien wird in erster Linie durch das Essen vereinigt. Nicht so sehr durch die Art der Gerichte – obwohl auch regionale Rezepte die Tendenz haben, sich im Laufe der Zeit über das ganze Land zu verbreiten – sondern vor allem durch das große Interesse an gutem Essen, das allen Italienern gemeinsam ist.

Überall im Lande gibt es kulinarische Festivals, und der Terminkalender kann sich sehr schnell mit Huldigungen aller Art füllen: das Fischfest in Tremoli, das Festival des Olivenöls in Ligurien, das Gnocchifest – *Bacanal del Gnoco* – in Verona, überall die Weinfeste, das Trüffelfestival in Dovadola, das Bohnenfestival in Castiglione, das Polentafest – *Polentonissimo* – in Monastero Bormida, das Kastanienfest in Perloz, das Haselnussfestival auf Sardinien, das Bohnenfest von Pollutri, das Wurst- und Polentafest von San Bartolomeo, das Schwertfischfestival in Bagnara, das Festival des gegrillten Fisches von Cattolica, *dei Fileia* in Vibo Valentina; wenn man hausgemachte Pasta liebt, das Kartoffelfestival in Soveria Manelli, dann das Auberginenfestival von Soverato, das Bruschettafest in Spello, das Zitrusfestival in Corigliano Calabrio und das Kirschenfestival in Castelbuono, um nur einige zu nennen.

Diese Festivals sind jedoch keine Reklameveranstaltungen der Marktführer, sondern sie sind echt. Dort trifft man sich, um zu essen, zu trinken und das Leben zu genießen – und um zu feiern, dass man auch dieses Jahr wieder etwas richtig Gutes geschaffen hat.

OSTRICHE MARINATE

AUSTERN IN DER SCHALE

10 Austern
4 Frühlingszwiebeln
1 rote Chilischote
Olivenöl
Sherryessig
Saft und geriebene Schale von 1 Zitrone

Die Austern öffnen und aus der Schale nehmen. Aus den restlichen Zutaten eine Marinade machen, die Austern hineingeben und gut mischen.

Dann die Austern mit der Marinade auf die Schalen verteilen. Wenn Sie eine Servierplatte mit grobem Salz, zerstoßenem Eis oder, wenn vorhanden, Seetang füllen und die Austernschalen darauf anrichten, haben diese einen besseren Stand.

INSALATA DI ARANCE

ORANGEN-GRANATAPFELSALAT

Die Araber brachten Zitrusfrüchte mit nach Italien, als sie um 800–1000 n. Chr. auf Sizilien herrschten. Die Italiener haben sich seither Apfelsinen – und wohl vor allem Zitronen – zu eigen gema cht.

4 Apfelsinen
2 Granatäpfel
1 Kopf Friséesalat
Olivenöl
Meersalz
grob gemahlener schwarzer Pfeffer

Die Apfelsinen schälen und quer in Scheiben schneiden. Auf einer Servierplatte anrichten.

Die Granatäpfel durchschneiden, die Kerne mit einem Löffel herausschaben und über die Apfelsinenscheiben verteilen. Den Salat zupfen und mit dem Öl mischen, über das Obst geben. Salzen und pfeffern.

ZUPPA DI ZUCCA

KÜRBISSUPPE

1 kg Muskatkürbis
200 g Butter
2 Zwiebeln, gehackt
500 ml Hühner- oder Gemüsebrühe
1 El Zucker
Salz und Pfeffer
500–600 ml Sahne

Den Kürbis in kleine Stücke schneiden.

Die Butter in einem Topf zerlassen, Zwiebeln und Kürbis zugeben und ca. 10 Minuten glasig dünsten. Brühe, Zucker sowie etwas Salz und Pfeffer zugeben, zugedeckt 20 Minuten weiter dünsten, Sahne zufügen und weitere 10 Minuten köcheln lassen.

Die Suppe gut umrühren und durch ein Sieb streichen.

Für einen etwas runderen Geschmack kann man mehr frische Butter zugeben und die Suppe mit dem Handmixer pürieren.

PORCINI MARINATI

EINGELEGTE STEINPILZE

Porcini, Steinpilze, werden in Italien fast vergöttert, besonders in Mittelitalien. In der Toskana, Umbrien, der Marche und dem Latium findet man reichlich Steinpilze und ebenso viele begeisterte Pilzsammler.

Zuweilen ist die Menge der Pilze begrenzt, die man pro Tag ernten darf. Doch von allen Pilzen ist der Steinpilz wohl am beliebtesten. Jedes Jahr werden daher zusätzlich mehrere Tonnen davon aus Nordeuropa nach Italien importiert.

500 g frische Steinpilze (es gehen auch gefrorene oder getrocknete Pilze)
100 ml Olivenöl
Salz und schwarzer Pfeffer
2 Knoblauchzehen, fein gehackt
5 Stängel Petersilie, fein gehackt
2 Tl Weißweinessig

Die Pilze in der Hälfte des Öls braten. Salzen, pfeffern und abkühlen lassen.

Mit der Petersilie, dem Knoblauch, dem restlichen Öl und etwas Essig mischen. Nach Geschmack salzen und pfeffern.

ZAMPONE CON FAGIOLI BIANCHI

GEFÜLLTER SCHWEINSFUSS MIT RAGOUT VON WEISSEN BOHNEN

1 Zampone (gefüllter Schweinsfuß) (gibt es in der Weihnachtszeit zu kaufen)
3 Dosen weiße Bohnen
1 Glas getrocknete Tomaten, in Streifen
3 Schalotten, fein gehackt
6 Stiele glatte oder 1 Bund krause Petersilie
kaltgepresstes Olivenöl
Salz und schwarzer Pfeffer

Den Schweinsfuß in der Aluminiumpackung in kochendes Wasser geben und 30 Minuten ziehen lassen.

Die Bohnen abgießen und mit der gehackten Petersilie erwärmen. Mit den übrigen Zutaten mischen.

Den Schweinsfuß in Scheiben schneiden und mit dem Bohnenragout auf einer Servierplatte anrichten.

TORTELLINI CON RICOTTA E SPINACI, SALSA AL LIMONE E PARMIGIANO

TORTELLINI MIT RICOTTA- UND SPINATFÜLLUNG UND ZITRONEN-PARMESANSAUCE

Pasta ist ein Kapitel für sich – eher noch ein dickes Buch – in dem gefüllte Pasta mehrere Kapitel für sich in Anspruch nehmen würde: *anolini, cappeletti, pansotti, tortelli, ravioli, panzerotti di magro* und *triangoli* und und... Gefüllte Pasta stammt hauptsächlich aus der Emiglia Romagna und Ligurien, *tortellini* jedoch aus der Gegend um Bologna und Parma.

1 kg Tortellini, mit Ricotta und Spinat gefüllt
3 El kaltgepresstes Olivenöl
Zitronen-Parmesansauce:
200 ml Hühner- oder Gemüsebrühe
200 ml Sahne
etwa 50 g geriebener Parmesan
Saft von 2 Zitronen
Salz und Pfeffer
1 Hand voll Rauke

Brühe und Sahne zusammen einkochen, bis die Flüssigkeit auf ein Drittel reduziert ist. Parmesan, Zitronensaft, Salz und Pfeffer zugeben und mit dem Handmixer kräftig durchschlagen. Mit der Rauke zusammen servieren.

TORTELLINI

TORTELLINI

500 g Weizenmehl
6 Eier
200 ml handwarmes Wasser
Salz

Alle Zutaten mischen und eine Stunde stehen lassen. Dann den Teig dünn ausrollen und runde Formen ausstechen.

Füllung:
250 g Ricotta
50 g geriebener Parmesan
3 Eier
50 g Spinat, blanchiert

Die Zutaten mit dem Mixer verarbeiten.

Die Ricottamischung auf die Teigplätzchen geben und diese so zusammenklappen, dass sich eine Halbmondform bildet. Die Kanten zusammendrücken und mit Wasser einpinseln, damit sie gut haften.

Etwa 15 Minuten in Salzwasser kochen.

TRAMEZZINI DI POLENTA CON CAPRIOLO MARINATO

REHMEDAILLONS AUF POLENTA

200 g Rehfilet
2 El Olivenöl
Salz und Pfeffer

2 El kaltgepresstes Olivenöl
1 Tl Weißweinessig
4 Stängel glatte Petersilie, gehackt
Meersalz und grob gemahlener schwarzer Pfeffer

Das Fleisch salzen und pfeffern. Das Rehfilet im Ganzen rundherum etwa 8–10 Minuten im heißen Öl braten, oder etwas länger, wenn Sie es gern durchgebraten haben. Abkühlen lassen.

Die übrigen Zutaten mischen und über das Fleisch gießen. Das Fleisch in Scheiben schneiden und die Medaillons auf je einer Scheibe Polenta servieren.

POLENTA

POLENTA

1500 ml Hühnerbrühe
150 ml Polentamehl
2 El Olivenöl
Salz und Pfeffer

Die Brühe erhitzen und das Mehl hineingeben. Unter ständigem Rühren 10–15 Minuten ziehen lassen. Den Teig in eine Kastenform geben, abkühlen lassen und in Scheiben schneiden.

TORTA AL CIOCCOLATO E CREMA DI CASTAGNE

SCHOKOLADENKUCHEN MIT KASTANIENCREME

Damit dieser Schokoladenkuchen gelingt, brauchen Sie unbedingt eine Waage. Viele Nachspeisen dieser Art benötigen etwas Fingerspitzengefühl und Akkuratesse.

220 g Zartbitterschokolade
220 g Butter
4 Eigelb
250 g Zucker
65 g Weizenmehl
2 g Instantkaffee
4 Eiweiß

Den Ofen auf 175 °C vorheizen.

Die Schokolade im Wasserbad schmelzen – d. h., in einer Schüssel, die in einem Topf mit heißem Wasser steht. Die Butter unter ständigem Rühren mit einem Holzlöffel zugeben.

Die Eigelbe mit der Hälfte des Zuckers schaumig schlagen. Mehl, Instantkaffee und die Schokoladenmischung dazugeben und gut mischen.

Das Eiweiß mit dem restlichen Zucker steif schlagen und vorsichtig unter den Teig heben. In eine Teflonform geben und etwa 25 Minuten backen. Den Kuchen in den letzten 10 Minuten mit Aluminiumfolie abdecken, damit er nicht zu dunkel wird. Abkühlen lassen und in kleine Quadrate schneiden.

Kastaniencreme:
300 ml Schlagsahne, leicht geschlagen
2 El Kastanienpüree

Schlagsahne und Kastanienpüree mischen und zum Servieren je einen Klecks auf die Kuchenquadrate geben.

TARTUFI

SCHOKOLADENPRALINEN

250 ml Sahne
375 g Zartbitterschokolade
2 cl Kaffeelikör

Die Sahne erhitzen und die Schokolade mit dem Likör darin auflösen.

In eine Schüssel geben, mit Frischhaltefolie abdecken und im Kühlschrank abkühlen lassen, dann aus der Masse kleine Trüffeln formen.

Umhüllung:
100 g Zartbitterschokolade
2 El gehackte Haselnüsse

Die Schokolade im Wasserbad schmelzen, die Haselnüsse darunter mischen und die Trüffeln in der Masse wenden.

Diese Schokoladentrüffeln lassen sich gut bei Zimmertemperatur aufbewahren, doch wenn es in der Küche zu warm ist, stellt man sie besser in den Kühlschrank.

PANFORTE

KUCHEN MIT HONIG UND NÜSSEN

125 g Haselnüsse
125 g Mandeln
60 g kandierte Ananas, grob gehackt
60 g getrocknete Aprikosen, grob gehackt
geriebene Schale einer Apfelsine
1 ml Weizenmehl
2 El Kakaopulver
2 Tl Zimtpulver
150 ml Zucker
175 g Honig
Puderzucker zum Bestäuben

Den Ofen auf 175 °C vorheizen.

Haselnüsse und Mandeln schälen, in der trockenen Pfanne rösten und grob hacken. Mit Ananas, Aprikosen und Apfelsinenschale mischen. Mehl, Kakaopulver und Zimt darüber sieben.

Honig und Zucker ca. 5 Minuten auf niedriger Temperaturstufe erhitzen, dazu geben und gut mischen. Die Nussmischung soll hart, zäh und trocken in der Konsistenz sein.

Eine runde Backform oder eine Form mit herausnehmbarem Boden mit etwas Butter einpinseln und die Masse hineingeben. Mit einem angefeuchteten Löffel gut andrücken. Die Backzeit beträgt etwa 60 Minuten.

Das fertige Panforte abkühlen lassen und mit Puderzucker bestäubt servieren. Es hält sich etliche Wochen lang frisch und lässt sich sogar einfrieren.

REGISTER

MARCO DANKT

ZETA
GH ITALIANA FOOD SELECTIONS AB
ARLA FOODS
ROSSI AB
HERZMAN FRUKT & GRÖNT AB
SEAFOOD SUPPLY
AGNETA LIVIJN CERAMICS
PDF KERAMIK
PORSLIN & ACCENT
FIGGJO NORWAY
ITTALA BUTIKEN
MATEUS STOCK AB
FAMILJ, NICOLA OCH NÄRA VÄNNER
STEFANO CATENACCI
CHRISTIAN WOLLTER

Rezepte und Zubereitung: Marco Baudone
Text: Tomas Tengby
Fotografie: Stefan Andersson
Grafische Gestaltung: Torgny Karlsson
Kreative Beratung: Pelle Holm
Projektleitung: Ingela Holm

Titel der Schwedischen Originalausgabe:
ITALIENSKA BUFFÉER

ISBN 91-534-2468-9

Deutsche Ausgabe:

Übersetzung: Frauke Watson, F-Callian
Satz: Punkt für Punkt GmbH, Düsseldorf
gedruckt in Italien

ISBN 3-512-03282-6